Alexander Holzach

Escorpião
o signo profundo

De 23 de outubro a 21 de novembro

O signo de escorpião sempre precisa de um programa completo...

...ou nada.

Ele joga dinheiro pela janela...

...ou cuida para nenhum centavo mudar de dono.

Para escorpião, existe apenas aceso... ...ou apagado...

...quente... ...ou frio...

...preto...

...ou branco.

Trabalhos chatos e monótonos não são para escorpião.

Ele os executaria dolorosamente.

Esse signo questiona tudo...

...pesquisa, vai a fundo nas coisas e espia atrás das cortinas.

O signo de escorpião vê através de você num segundo

Ele consegue enxergar você profundamente

Mas, quando você tenta fazer isso...

...ele pode fazer você morder a língua.

Pois é praticamente impossível ver através de alguém de escorpião...

... se enxerga o mesmo que nada

É sabido apenas que tem um grande coração.

O resto não é da conta de ninguém.

Quando esse signo suspeita de algo...

...ele o controla e espiona...

...checa cada coisinha...

...examina tudo nos mínimos detalhes...

...e não importa o quão bem guardado esteja um segredo...

...ele consegue encontrar!

Escorpião descobre o lado ruim de todos imediatamente...

...não é de se admirar que confie em poucos.

Quando quer ser fascinante e hipnótico,
treina em casa.

Seja como for...

...escorpião age!

Há uma certa magia em torno de escorpião.
Quem conhece esse signo...

...tem uma forte necessidade de o seguir por um tempo.

Escorpião entende de convencer grupos...

...e liderar...

...até que,
de repente,
não tenha
mais vontade.

Os colegas de trabalho de alguém de escorpião...

...deveriam conhecer essa característica:

ele espera de cada um tudo ou nada.

Quem se indispõe com escorpião...

...deveria ter em mente que irá encontrá-lo de novo.

Escorpião é fortemente comandado por seus impulsos.

Para acalmar suas necessidades,
não há caminho longo demais...

 ...ou difícil demais.

Esse signo não conhece barreiras...

...até ter chegado
ao seu destino.

Sair com alguém de escorpião
e fazer contato visual com outro?

Péssima ideia!

Quando escorpião atrai alguém para seu lado...

...é preciso saber disso:

a vida com ele pode ser doce e amarga.

Mas, se não paquerar mais ninguém
e souber valorizar suas qualidades,
ele é absolutamente o parceiro dos sonhos!

Quando escorpião encontrar seu verdadeiro amor...

...ficará uma vida inteira ao seu lado,
como um rochedo no mar.

Você pode confiar em escorpião como amigo.

Quando todos os outros somem...

...ele está cem por cento lá!

Em viagens, é importante sempre haver pontos turísticos místicos...

para que, quem sabe, escorpião possa desvendar o segredo da vida...

...ou a verdade sobre o Big Bang.

Às vezes, o signo de escorpião pode ser.

vingativo,

explosivo,

provocador

e ciumento.

Mas também é todo coração...

criativo,

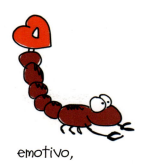

emotivo,

e profundo.

decidido

TÍTULO ORIGINAL *Der tiefgründige Skorpion*
© 2015 arsEdition GmbH, München – Todos os direitos reservados.
© 2017 VR Editora S.A.

EDIÇÃO Fabrício Valério
EDITORA-ASSISTENTE Natália Chagas Máximo
TRADUÇÃO Natália Fadel Barcellos
REVISÃO Felipe A. C. Matos
DIREÇÃO DE ARTE Ana Solt
DIAGRAMAÇÃO Balão Editorial

Dados Internacionais de Catalogação na Publicação (CIP)
(Câmara Brasileira do Livro, SP, Brasil)

Holzach, Alexander
Escorpião: o signo profundo / Alexander Holzach; [tradução Natália Fadel Barcellos]. — São Paulo: VR Editora, 2017.

Título original: *Der tiefgründige Skorpion*

ISBN 978-85-507-0116-5

1. Astrologia 2. Horóscopos 3. Signos e símbolos I. Título.

17-04652   CDD-133.54

Índices para catálogo sistemático:
1. Horóscopos: Astrologia 133.54

Todos os direitos desta edição reservados à
VR EDITORA S.A.
Via das Magnólias, 327 - Sala 1 | Jd. Colibri
CEP 06713-270 | Cotia | SP
Tel.| Fax: (+55 11) 4702-9148
vreditoras.com.br | editoras@vreditoras.com.br

SUA OPINIÃO É MUITO IMPORTANTE
Mande um e-mail para opiniao@vreditoras.com.br com o título deste livro no campo "Assunto".

1ª edição, nov. 2017
2ª reimpressão fev. 2023
FONTES SoupBone e
KG Be Still And Know
IMPRESSÃO GSM
LOTE GSM070223